PAROISSE

SAINT-GERVAIS

CHANTS

A MARIE

ROUEN
Imprimerie E. Benderitter, rue Ganterie, 16 & 18

1872

PAROISSE

SAINT-GERVAIS

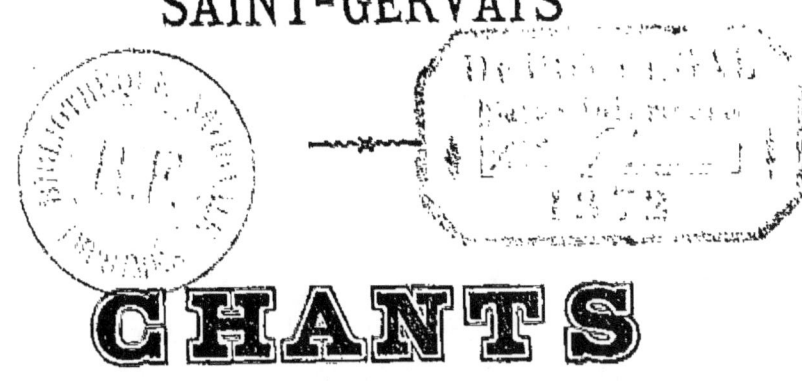

CHANTS

A MARIE

ROUEN

Imprimerie BENDERITTER, rue Ganterie, 16 et 18.

1872.

Ouverture du mois de Marie.

REFRAIN.

C'est le mois de Marie,
C'est le mois le plus beau !
A la Vierge chérie
Disons un chant nouveau.

1.

Ornons le sanctuaire
De nos plus belles fleurs ;
Offrons à notre Mère
Et nos chants et nos cœurs.
   C'est le, etc.

2.

De la saison nouvelle
On vante les bienfaits ;
Marie est bien plus belle,
Plus doux sont ses attraits.
   C'est le, etc.

3.

L'étoile éblouissante
Qui jette loin ses feux
Est bien moins éclatante,
Son aspect moins pompeux.
    C'est le, etc.

4.

Qu'une brillante aurore
Vienne enchanter nos yeux,
Marie efface encore
Cet ornement des cieux.
    C'est le, etc.

5.

Au vallon solitaire,
Le lis, par sa blancheur,
De cette Vierge-Mère
Retrace la candeur.
    C'est le, etc.

6.

Aimable violette,
Ta modeste beauté

Est l'image imparfaite
De son humilité.

 C'est le, etc.

7.

La rose épanouie
Aux premiers feux du jour
Nous peint bien de Marie
L'inépuisable amour.

 C'est le, etc.

8.

O Vierge ! viens toi-même,
Viens semer dans nos cœurs
Les vertus dont l'emblème
Se découvre en des fleurs.

 C'est le, etc.

9.

Dans la sainte patrie
Puissions-nous à jamais,
Sainte vierge Marie,
Célébrer tes bienfaits !

 C'est le, etc.

Immaculée Conception.

AIR : *Par les chants les plus magnifiques.*

—o—

1.

Quelle est cette aurore nouvelle
Dont le lever est si pompeux?
Qu'elle est brillante! qu'elle est belle!
Est-il astre plus radieux?
Repliant tes voiles funèbres,
Trop longue nuit, rentre aux enfers,
Et de l'empire des ténèbres } *Bis.*
Délivre enfin cet univers.

2.

Je la vois, ma Libératrice,
S'élever avec majesté,
Et, toute belle de justice,
Des cieux effacer la beauté.
Tandis qu'aux pieds de cette Reine
J'entends frémir notre tyran,
Les Anges, de leur Souveraine,
Escortent le char triomphant.

3.

Comment d'un juge inexorable
A-t-elle calmé la fureur ?
Comment d'une mère coupable
A-t-elle évité le malheur ?
Voit-on d'une tige sans vie
Sortir des rameaux vigoureux ?
Et sur une tige flétrie
Croître des fruits délicieux ?

4.

Des chaînes d'un dur esclavage
Rien ne pourra la garantir :
Fille d'Adam, dans son naufrage,
Comme nous elle va périr ;
Mais Dieu, déployant sa puissance,
Du déluge apaise les flots.
Il dit, et l'arche d'alliance
Vogue en paix sur le sein des eaux.

5.

Au milieu d'une race impure,
Ton cœur, Marie, est innocent,
Et tu le montres sans souillure
Aux yeux ravis d'étonnement :

Tel, parmi de tristes ruines,
S'élève un temple somptueux;
Ou tel, du milieu des épines,
S'élance un lis majestueux.

6.

De ton âme, ô ma Bienfaitrice!
Le lis me dépeint la blancheur;
Je vois dans son tendre calice
Le vrai symbole de ton cœur.
Tu fus toujours pure, innocente,
Depuis l'instant de ton berceau
Jusqu'à ce jour où, triomphante,
Tu franchis l'horreur du tombeau.

7.

Vierge toujours immaculée,
Sur nous, du cœur de ton Jésus,
Epanche la douce rosée
Qui fait fructifier les vertus.
En cet exil, Mère chérie,
Daigne veiller sur tes enfants
Jusqu'au jour où, dans la patrie,
Tu les conduiras triomphants.

Nativité de la très-sainte Vierge.

Air : *Pourquoi ces vains complots, etc.*

1.

Quel beau jour vient s'offrir à notre âme ravie,
　　Nous inspirer des chants joyeux !
Les temps sont accomplis : Dieu prépare en Marie
　　L'accord de la terre et des cieux.
　　Cette terre ingrate et rebelle
　　Du ciel provoquait le courroux ;
　　Vierge humble, modeste et fidèle,
　　C'est toi qui vas nous sauver tous.

REFRAIN.

Chantons cette fête chérie,
Ce jour de gloire et de bonheur,
Et que le doux nom de Marie
Règne à jamais dans notre cœur. *(Bis.)*

2.

Triomphez, ô mortels ! et que l'enfer frémisse,
　　Tous ses efforts sont impuissants ;
Le Dieu qui réunit la paix et la justice
　　Va vous adopter pour enfants.

Ah ! puisqu'il devient notre frère,
Rien ne va manquer à nos vœux ;
Il sait bien qu'il faut une mère
A l'homme faible et malheureux.

3.

C'est le Fils du grand Dieu que tout le ciel adore,
  Qui viendra nous porter la paix.
Il veut qu'un si beau jour ait aussi son aurore,
  Prélude de tous ses bienfaits.
  Pouvait-il donner à la terre
  Des gages plus consolateurs ?
  Il s'annonce par une mère :
  N'est-ce pas tout dire à nos cœurs ?

4.

La nature et la grâce à l'envi l'ont parée ;
  Elle est un chef-d'œuvre en naissant ;
Rien ne ternit l'éclat de cette arche sacrée
  Qu'habitera le Tout-Puissant.
  Elle étonne et ravit les Anges,
  Prosternés devant son berceau,
  Et leurs lyres, pour ses louanges,
  N'ont plus de concert assez beau.

5.

Voyez éclore un lis, et sa tige éclatante
 Exhaler la plus douce odeur :
Telle est à son berceau notre Reine naissante,
 Pleine de grâce et de douceur ;
 L'amour, la candeur, l'innocence
 Accompagnent ses premiers pas.
 O l'heureuse, ô l'aimable enfance,
 Pourrions-nous ne l'imiter pas !

6.

Sainte vierge Marie, ô notre tendre Mère !
 Daignez nous bénir en ce jour ;
Songez que cet asile est votre sanctuaire,
 Qu'il a des droits à votre amour.
 A cette famille attendrie
 Inspirez toujours la ferveur,
 Et qu'au ciel comme en cette vie
 Nous soyons tous dans votre cœur.

Assomption de Marie.

REFRAIN.

Triomphez, Reine des cieux,
A vous bénir que tout s'empresse;
Triomphez, Reine des cieux,
Dans tous les temps, dans tous les lieux.

1.

Que l'amour nous prête,
En ce jour de fête,
Que l'amour nous prête
Ses plus doux accords,
Et que notre voix s'apprête
A seconder ses efforts.

2.

Célébrons en ce saint jour
Les vertus de l'humble Marie,
Célébrons en ce saint jour
Et ses bienfaits et son amour.
Sans cesse enrichie,
Jeunesse chérie,
Sans cesse enrichie
Des plus heureux dons,

C'est de la main de Marie,
Enfants, que nous les tenons.   Triomphez, etc.

3.

Qu'à jamais de ses faveurs
Nos chants rappellent la mémoire;
Qu'à jamais de ses faveurs
Le souvenir charme nos cœurs.
 Le ciel et la terre,
 Ravis de lui plaire,
 Le ciel et la terre
 Chantent ses bienfaits :
Vos enfants, ô tendre Mère !
Vous oublieraient-ils jamais ?   Triomphez, etc.

4.

Achevez notre bonheur,
Comblez notre douce espérance;
Achevez notre bonheur
Et gardez-nous dans votre cœur;
 Guidez de l'enfance,
 Par votre assistance,
 Guidez de l'enfance
 Les pas chancelants,
Et que l'aimable innocence
Couronne nos derniers ans.   Triomphez, etc.

Le saint Nom de Marie.

REFRAIN.

C'est le nom de Marie
Qu'on célèbre en ce jour.
O famille chérie !
Chantez ce nom d'amour.

1.

C'est le nom d'une mère,
Chantez, heureux enfants,
Unissez pour lui plaire
Et vos cœurs et vos chants.

2.

C'est un nom de puissance,
Un nom plein de douceur,
Mais toujours sa clémence
Surpasse sa grandeur.

3.

C'est un nom de victoire :
Il dompte les enfers,

Il nous donne la gloire
De briser tous nos fers.

4.

C'est un nom d'espérance
Au pécheur repentant,
Un gage d'innocence
Au cœur juste et fervent.

5.

Il n'est rien de plus tendre,
Il n'est rien de plus fort ;
Le ciel aime à l'entendre,
Pour l'enfer c'est la mort.

6.

Que le nom de ma Mère,
Au dernier de mes jours,
Soit toute ma prière,
Qu'il soit tout mon secours.

Saint Nom de Marie.

—o—

     Dans nos concerts
Bénissons le nom de Marie,
     Dans nos concerts
Consacrons-lui nos chants divers ;
Que tout l'annonce et le publie
Et que jamais on ne l'oublie
     Dans nos concerts.   *(Bis.)*

     Qu'un nom si doux
Est consolant ! qu'il est aimable !
     Qu'un nom si doux
Doit avoir de charmes pour nous !
Après Jésus, nom adorable,
Est-il rien de plus vénérable
     Qu'un nom si doux !   *(Bis.)*

     Ce nom sacré
Est digne de tout notre hommage,
     Ce nom sacré
Doit être partout honoré ;

Qu'il puisse toujours d'âge en âge
Être révéré davantage,
    Ce nom sacré.   (*Bis.*)

    Nom glorieux,
Que tout respecte ta puissance ;
    Nom glorieux
Et sur la terre et dans les cieux :
De Dieu tu calmes la vengeance,
Tu nous assures sa clémence,
    Nom glorieux.   (*Bis.*)

    Par ton secours
L'âme, à son Dieu toujours fidèle,
    Par ton secours
Dans la vertu coule ses jours ;
D'une ferveur toujours nouvelle
S'enflamment son amour, son zèle,
    Par ton secours.   (*Bis.*)

Saint Cœur de Marie.

1.

Cœur de l'auguste Mère
Du divin Rédempteur,
En ce jour, sur la terre,
Tout doit nous rendre honneur.

REFRAIN.

Cœur sacré de Marie,
Ainsi que les élus,
D'une voix attendrie
Nous chantons vos vertus.

2.

Quelle gloire environne
Cet admirable cœur,
C'est l'astre d'où rayonne
La grâce, le bonheur.

3.

De ce foyer s'exhale,
La nuit comme le jour,

La flamme sans égale
De l'ineffable amour.

4.

L'Esprit-Saint de sa grâce
Voulut combler ce cœur ;
Par lui tout trésor passe
Pour venir au pécheur.

5.

C'est de ce cœur si tendre,
Chrétiens pleins de ferveur,
Que nous devons apprendre
A chérir le Sauveur.

6.

Pour ses enfants l'Eglise,
En ce cœur, tous les jours
Trouve sans fin et puise
Un tout-puissant secours.

7.

Que ceux qui vous implorent
Rassemblés en ces lieux,
De même vous honorent
Réunis dans les cieux.

Ave, Maria.

1.

D'une Mère chérie
Célébrons les grandeurs,
Consacrons à Marie
Et nos voix et nos cœurs.

REFRAIN.

De concert avec l'Ange
Quant il la salua,
Disons à sa louange
Un *Ave, Maria.*

2.

Par sa chaste innocence
Elle plut au Seigneur;
A son obéissance
Nous devons un Sauveur.
  De concert, etc.

3.

Nous étions la conquête
Du tyran des enfers;

En écrasant sa tête,
Elle a brisé nos fers.
   De concert, etc.

4.

Que l'espoir se révèle
Dans nos cœurs abattus,
Par cette nouvelle Ève
Les cieux nous sont rendus.
   De concert, etc.

5.

O Marie! O ma Mère!
Prenez soin de mon sort:
C'est en vous que j'espère
En la vie en la mort.
   De concert, etc.

6.

Obtenez-nous la grâce,
A notre dernier jour,
De vous voir face à face
Au céleste séjour.
   De concert, etc.

Consécration à Marie.

1.

Mère de Dieu, quelle magnificence
Orne aujourd'hui ton aimable séjour !
C'est en ces lieux qu'à tes pieds, mon enfance,
Vint autrefois te vouer son amour.

REFRAIN.

Tendre Marie,
O mon bonheur !
Toujours, chérie,
Tu vivras dans mon cœur ;
Toujours, chérie,
Tu vivras dans mon cœur.

2.

O mon refuge, ô Marie, ô ma Mère !
Combien sur moi tu versas de bienfaits !
Combien de fois, dans ce doux sanctuaire,
Mon cœur trouva le bonheur et la paix !
   Tendre Marie, etc.

3.

Mon œil à peine avait vu la lumière,
Et ton amour veillait sur mon berceau ;
Tous mes instants, ô mon aimable Mère !
Furent marqués par un bienfait nouveau.
    Tendre Marie, etc.

4.

Anges, soyez témoins de ma promesse ;
Cieux, écoutez ce serment solonel :
Oui, c'en est fait, mon cœur, plein de tendresse,
Jure à Marie un amour éternel !
    Tendre Marie, etc.

5.

Si je devais, infidèle et volage,
Un seul instant cesser de te chérir,
Tranche mes jours à la fleur de mon âge ;
Je t'en conjure, ah ! laisse-moi mourir !
    Tendre Marie, etc.

Hommage à Marie.

AIR : *Goûtez, âmes ferventes, etc.*

—o—

1.

Adressons notre hommage
A la Reine des cieux :
Elle aime de notre âge
La candeur et les vœux.

REFRAIN.

O Vierge sainte et pure !
Notre cœur, en ce jour,
Vous promet et vous jure
Un éternel amour.

2.

Du beau nom de Marie
Faisons tout retentir ;
Qu'elle même, attendrie,
Daigne nous applaudir.
    O Vierge, etc.

3.

Cet autel est le trône
D'où coulent ses faveurs ;
Son divin Fils lui donne
Tous ses droits sur nos cœurs.

   O Vierge, etc.

4.

Pour nous, qu'elle rassemble
Au pied de son autel,
Jurons-lui tous ensemble
Un amour éternel.

   O Vierge, etc.

5.

Marie est notre mère,
Nous sommes ses enfants ;
Consacrons à lui plaire
Le printemps de nos ans.

   O Vierge, etc.

6.

Nous voulons avec zèle
Imiter vos vertus :

Vous êtes le modèle
Que nous donne Jésus.

    O Vierge, etc.

7.

Protégez-nous sans cesse,
Dès nos plus tendres ans ;
Guidez notre jeunesse ;
Veillez sur vos enfants.

    O Vierge, etc.

8.

Et parmi les orages
D'un monde séducteur,
Sauvez-nous des naufrages ;
Ah ! gardez notre cœur.

    O Vierge, etc.

Salve, Regina.

Je vous salue, auguste et sainte Reine,
Dont la beauté ravit les immortels !
Mère de grâce, aimable Souveraine, } *Bis.*
Je me prosterne aux pieds de vos autels. }

Je vous salue, ô divine Marie !
Vous méritez l'hommage de nos cœurs ;
Après Jésus, vous êtes et la vie, } *Bis.*
Et le refuge et l'espoir des pécheurs. }

Fils malheureux d'une coupable mère,
Bannis du ciel, les yeux baignés de pleurs,
Nous vous faisons, de ce lieu de misère,
Par nos soupirs entendre nos douleurs.

Ecoutez-nous, puissante Protectrice,
Tournez sur nous vos yeux compatissants,
Et montrez-nous qu'à nos malheurs propice,
Du haut des cieux vous aimez vos enfants.

Sans votre appui, dans ce vallon des larmes,
Nous ne pouvions que tomber et périr ;
Mais vous voyez nos craintes, nos alarmes ;
Nous gémissons : votre cœur va s'ouvrir.

Ah ! dans ce cœur, courons cacher nos larmes ;
C'est le séjour de la paix, du bonheur ;
Heureux qui peut en connaître les charmes !
Heureux qui peut en goûter la douceur !

O douce, ô tendre, ô pieuse Marie !
O vous de qui Jésus reçut le jour !
Faites qu'après l'exil de cette vie
Nous le voyions dans l'éternel séjour. } *Bis.*

Protestation de Fidélité au service de Marie.

—o—

Je veux célébrer, par mes louanges,
Les grandeurs de la Reine des cieux ;
Et, m'unissant aux concerts des Anges,
Je m'engage à la chanter comme eux.
    Je m'engage, etc.

Sur vos pas, ô divine Marie,
Plus heureux qu'à la suite des rois,
Dès ce jour, et pour toute ma vie,
Je m'engage à vivre sous vos lois.
    Je m'engage, etc.

Si du monde écoutant le langage,
Du plaisir j'ai suivi les attraits,
A me donner à vous sans partage
Je m'engage aujourd'hui pour jamais.
    Je m'engage, etc.

Par un culte constant et sincère,
Par un vif et généreux amour,

A servir, à chérir une mère,
Je m'engage aujourd'hui sans retour.
Je m'engage, etc.

Mère sensible et compatissante,
Soutenez, au milieu des combats,
Les efforts d'une âme pénitente,
Qui s'engage à marcher sur vos pas.
Qui s'engage, etc.

Unissez vos voix, peuple fidèle,
Aux accords des Esprits bienheureux,
Pour chanter les louanges de celle
Qui s'engage à combler tous nos vœux.
Qui s'engage, etc.

Gloire de Marie.

1.

Unis aux concerts des Anges,
Aimable Reine des cieux,
Nous célébrons tes louanges
Par nos chants mélodieux.

REFRAIN.

De Marie
Qu'on publie
Et la gloire et les grandeurs;
Qu'on l'honore,
Qu'on l'impore,
Qu'elle règne sur nos cœurs.

2.

Auprès d'elle la nature
Est sans grâce et sans beauté;
Les cieux perdent leur parure,
L'astre du jour sa clarté.
De Marie, etc.

3.

C'est le lis de la vallée
Dont le parfum précieux,

Sur la terre désolée,
Attira le Roi des cieux.

  De Marie, etc.

4.

C'est la vierge incomparable,
Gloire et salut d'Israël,
Qui, pour un monde coupable,
Fléchit le courroux du ciel.

  De Marie, etc.

5.

Pour tout dire, c'est Marie !
Dans ce nom que de douceur !
Nom d'une Mère chérie,
Nom doux espoir du pécheur !

  De Marie, etc.

6.

Ah ! vous seuls pouvez le dire,
Mortels qui l'avez goûté :
Combien doux est son empire,
Combien tendre est sa bonté !

  De Marie, etc.

Confiance en Marie.

1.

Je mets ma confiance,
Vierge, en votre secours ;
Servez-moi de défense,
Prenez soin de mes jours ;
Et quand ma dernière heure
Viendra fixer mon sort,
Obtenez que je meure
De la plus sainte mort.

2.

A votre bienveillance,
O Vierge, j'ai recours ;
Soyez mon assistance
En tous lieux et toujours.
Vous êtes notre Mère,
Jésus est votre Fils ;
Portez-lui la prière
De vos enfants chéris.

3.

Sainte vierge Marie,
Asile des pécheurs,
Prenez part, je vous prie,
A mes justes frayeurs.
Vous êtes mon refuge;
Votre Fils est mon roi,
Mais il sera mon juge :
Intercédez pour moi.

4.

Ah! soyez-moi propice
Quand il faudra mourir;
Apaisez sa justice :
Je crains de la subir.
Mère pleine de zèle,
Protégez votre enfant :
Je vous serai fidèle
Jusqu'au dernier instant.

Marie, secours des Chrétiens.

Air : *Venez, divin Messie.*

O divine Marie,
Vous nous voyez à vos genoux ;
Aux cieux, Mère chérie,
Priez, priez pour nous.

Pauvres bannis, si loin des cieux,
Nous venons vous offrir nos vœux ;
Sur vos enfants jetez les yeux ;
Voyez notre misère ;
Tous nous avons recours à vous.
Montrez-vous notre mère,
Priez, priez pour nous.
O divine Marie, etc.

En ce beau mois, tous vos enfants
Vous offrent leurs cœurs et leurs chants,
Daignez accueillir leurs accents ;
Tendre Mère, en leur âme,
D'un pur et saint amour pour vous,

Mettez la vive flamme ;
Priez, priez pour nous.
O divine Marie, etc.

Nous vous prions pour le pécheur ;
Mettez aujourd'hui dans son cœur
Le repentir et la douleur.
Un jour, sur le calvaire,
Jésus expira pour nous tous ;
Et vous êtes sa Mère,
Priez, priez pour nous.
O divine Marie, etc.

De l'orphelin séchez les pleurs,
Du pauvre allégez les douleurs ;
Consolez-nous dans nos malheurs.
O vous, notre espérance !
O vous, dont le nom est si doux !
Au temps de la souffrance,
Priez, priez pour nous.
O divine Marie, etc.

Ah ! vers le ciel guidez nos pas,
Et tous les jours que votre bras
Nous défende dans nos combats ;

L'enfer, dans sa furie,
Frémit et tremble à vos genoux;
O puissante Marie,
Priez, priez pour nous.
O divine Marie, etc.

Protégez-nous, et tous un jour,
Au sein du céleste séjour,
Nous irons chanter votre amour;
Unis au chœur des Anges,
Nous viendrons tous à vos genoux
Redire vos louanges.
Priez, priez pour nous.
O divine Marie, etc.

Elle est si bonne, Marie !

REFRAIN.

Elle est si bonne, Marie !
Il est si tendre, son cœur !
Elle obtient à qui la prie
Lumière, et force et douceur.
} *Bis.*

1.

Tout ce qui souffre sur la terre
Trouve en elle puissant secours ;
Son cœur entend notre prière,
Et son cœur nous répond toujours.

Elle est si bonne, etc.

2.

Aimable et douce Messagère,
Du ciel elle apporte au pécheur
L'espoir qu'à son humble prière,
Dieu lui rendra la paix du cœur.

Elle est si bonne, etc.

3.

Son nom dissipe nos alarmes,
Sa douce main guérit nos maux ;
Elle adoucit même les larmes
Qui coulent sur de chers tombeaux.

> Elle est si bonne, etc.

4.

Le matelot, dans la tempête,
Invoque l'étoile des mers :
L'étoile brillant sur sa tête
Calme aussitôt les flots amers.

> Elle est si bonne, etc.

5.

Elle couronne l'innocence
Dans l'âme des petits enfants ;
Elle ranime l'espérance
Dans les cœurs flétris par les ans.

> Elle est si bonne, etc.

6.

Elle console ceux qui pleurent
En leur montrant ouverts les cieux;
Au chevet des justes qui meurent,
Elle vient leur fermer les yeux.

    Elle est si bonne, etc.

7.

Je veux lui consacrer mes peines,
Mes angoisses et mes douleurs;
En mêlant mes larmes aux siennes,
Je veux sanctifier mes pleurs.

    Elle est si bonne, etc.

Serment d'amour à Marie.

AIR : *Travaillez à votre salut.*

REFRAIN.

Nous te jurons *(bis)*, Mère d'amour,
Qu'à toi nous serons sans retour.   *(Bis.)*

1.

Du sein du céleste séjour
Où la gloire est ton apanage,
Daigne sur nos cœurs, dès ce jour,
Régner à jamais sans partage.

    Nous te jurons, etc.

2.

Nous venons tous, à tes genoux,
Te jurer l'amour le plus tendre.
T'aimer est-il rien de plus doux?
Un cœur pourrait-il s'en défendre?

    Nous te jurons, etc.

3.

Sur toi se fonde notre espoir,
Daigne guider notre jeunesse ;

A tes mains nous voulons devoir
L'heureux trésor de la sagesse.

    Nous te jurons, etc.

4.

Obtiens-nous, du cœur de Jésus,
Le don de sa céleste grâce,
Qui nous fasse croître en vertus
Et dédaigner tout ce qui passe.

    Nous te jurons, etc.

5.

Dans nos luttes, dans nos combats,
Sois-nous propice et favorable ;
Surtout à l'heure du trépas,
O Mère ! sois-nous secourable.

    Nous te jurons, etc.

6.

Affermis nos pas chancelants
Dans les droits sentiers, ô Marie !
Emmène avec toi tes enfants
Dans la bienheureuse patrie.

    Nous te jurons, etc.

Consécration à Marie.

AIR : *Bravons les enfers.*

REFRAIN.

Mère de Jésus,
Reine des vertus,
Soutiens notre courage ;
Et, du haut des cieux,
Reçois de nos vœux
Le tendre et filial hommage.

1.

Du péché brisant les liens,
Du monde abjurant la folie,
Notre amour, nos cœurs et nos biens,
Nous consacrons tout à Marie.   Mère de Jésus.

2.

En vain par l'attrait du plaisir
Le monde cherche à nous séduire,
Du Seigneur nous voulons choisir
Le salutaire et doux empire.   Mère de Jésus.

3.

Le monde est aveugle et trompeur,
Ses plaisirs ne sont que folie,
Et, pour trouver le vrai bonheur,
Nous voulons imiter Marie.   Mère de Jésus.

4.

Pour nous, des célestes faveurs,
Demande à ton Fils l'abondance ;
Demande-lui, pour tous les cœurs,
La douce paix de l'innocence.   Mère de Jésus.

5.

Nous voulons toujours professer
De la Croix la sainte folie ;
Et pour ne jamais nous lasser,
Nous nous reposons sur Marie.   Mère de Jésus.

6.

Montre-toi sensible à nos vœux,
Nous te serons toujours fidèles ;
En échange, obtiens-nous aux cieux
Les récompenses éternelles.   Mère de Jésus.

Cantique à Marie.

AIR : *Divin Sauveur*.

—o—

En ce beau mois, tendre Mère,
Où tout chante ton amour,
Vers ton heureux sanctuaire
Tes enfants sont de retour.

REFRAIN.

Reine des cieux,
Tendre Marie,
Mère chérie ;
Reine des cieux,
Sois bénie,
Sois bénie
Dans ces beaux lieux.

Pour te bénir, la nature
Forme des concerts joyeux ;
L'onde au bocage murmure
Ton nom, ô Reine des cieux !

Pour te bénir, à l'aurore
Les lis embaument nos champs,
Et ton regard voit éclore
Le cœur des petits enfants.

Tu vois dans ton sanctuaire,
Tu vois leurs fronts inclinés :
Daigne écouter leur prière
En ces moments fortunés.

Le lis demande à la terre
Sa rosée et de longs jours ;
Le chrétien dit : « O ma Mère !
« Fais que je t'aime toujours !

« A mon âme simple et pure
« Donne du lis la fraîcheur ;
« Que jamais nulle souillure
« N'en ternisse la blancheur.

« Toi qui donnes la rosée
« Aux blancs calices des fleurs,
« Verse, ô Mère bien aimée !
« Ta grâce au fond de nos cœurs. »

Donne-nous, ô bonne Mère !
De célébrer tes vertus
Maintenant sur cette terre,
Un jour parmi les élus.

    Reine des cieux,
    Tendre Marie,
    Mère chérie ;
    Reine des cieux,
      Sois bénie,
      Sois bénie
Dans ces beaux lieux.

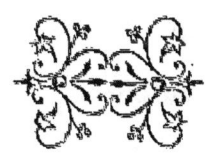

Memorare.

AIR : *Souvenez-vous, pieuse Mère.*

REFRAIN.

Souviens-toi, bonne et tendre Mère,
Qu'on n'a jamais recours à toi
Sans voir l'effet de sa prière ; } *Bis.*
O bonne Mère, exauce-moi !

1.

Devant ton image chérie,
Quand nous venons chaque printemps,
Accueille toujours, ô Marie !
Les humbles vœux de tes enfants.

    Souviens-toi, etc.

2.

Des fleurs de la saison nouvelle,
Quand tes fils parent ton autel,
Sur eux que ta main maternelle
Verse toujours les dons du ciel.

    Souviens-toi, etc.

3.

Doux appui de notre espérance,
O Mère de grâce et d'amour,
Heureux qui, dès sa tendre enfance,
A toi s'est voué sans retour !

  Souviens-toi, etc.

4.

Contre la timide innocence,
L'enfer, le monde conjurés,
Veulent ravir à ta puissance
Des cœurs qui te sont consacrés.

  Souviens-toi, etc.

5.

Dans les sentiers de la justice,
Fais-nous marcher d'un pas certain ;
Si quelquefois notre pied glisse,
Du haut des cieux tends-nous la main.

  Souviens-toi, etc.

6.

Du jour sans fin, ô douce aurore,
Alors que paraîtra Jésus,
En le louant, nos voix encore
Loueront la Mère des élus.

  Souviens-toi, etc.

Marie aux pieds de la Croix.

1.

Hélas !
Quelle douleur
Remplit ton cœur,
Cause ton martyre !
Hélas !
Quelle douleur
Remplit ton cœur,
Mère du Sauveur !
C'est pour moi
Que Jésus expire,
Et c'est toi
Que l'amour attire,
Hélas !
Près de la croix,
Où de son choix
Meurt le Roi des rois !

2.

Jésus,
Tendre Marie,
Donne sa vie,

Dévoûment sublime !
Jésus,
Tendre Marie,
Donne sa vie,
Salutaire hostie !
Par sa mort
Expiant mon crime,
De mon tort
Il est la victime ;
Jésus,
Mon doux Sauveur,
Remplis mon cœur
D'amour, de douleur.

3.

Ton Fils,
Mère chérie,
Pour moi t'oublie,
Etonnant mystère !
Ton Fils,
Mère chérie,
Pour moi t'oublie
Et se sacrifie !
O douleur !
Il monte au calvaire ;
Du pécheur

Tu deviens la mère ;
Ton Fils,
Sans nul retour,
A ton amour
Nous voue en ce jour.

4.

Debout,
Près de la croix,
Je t'aperçois,
Bonne et tendre Mère ;
Debout,
Près de la croix,
Je t'aperçois ;
Ecoute ma voix :
Laisse-moi,
Malgré ma misère,
Avec toi,
Rester au calvaire,
Debout,
Pour y gémir,
Pleurer, souffrir,
S'il le faut, mourir.

5.

Je veux,
De tes douleurs,

De tes langueurs,
Goûter le calice ;
Je veux,
De tes douleurs,
De tes langueurs,
Subir les rigueurs ;
M'associer
A ton sacrifice,
T'imiter,
C'est toute justice ;
Je veux,
Au Dieu sauveur,
Donner mon cœur ;
Soutiens ma ferveur.

6.

Marie,
Du Rédempteur,
Fais qu'en mon cœur
Les plaies soient gravées ;
Marie,
Du Rédempteur,
Fais qu'en mon cœur
L'amour soit vainqueur.
Désormais,
Toutes mes pensées,

A jamais,
Lui sont consacrées ;
Marie,
Soutiens ma foi :
Du divin Roi
J'accepte la loi.

7.

Toujours,
Au doux Jésus,
Par mes vertus,
Je veux, tendre Mère,
Toujours,
Au doux Jésus,
Par mes vertus,
Je veux m'unir plus ;
Je l'entends
Qui me dit : Espère !
Dans son sang
Je retrouve un frère.
Toujours,
O mon Sauveur !
Sois de mon cœur
L'unique bonheur.

Le beau Mois.

Air : *Bénissons à jamais, etc.*

REFRAIN.

Réunissons nos voix
Pour chanter le plus beau mois ! } *Bis.*

1.

Dans ce mois, la nature
Pare nos champs de fleurs ;
La vertu, de nos cœurs,
Doit faire la parure.

    Réunissons, etc.

2.

Des oiseaux l'harmonie,
Qui réjouit nos bois,
Semble inviter nos voix
A célébrer Marie.

    Réunissons, etc.

3.

Ornons donc son image
Des fleurs de nos hameaux,
De nos plus verts rameaux
Offrons-lui le feuillage.

Réunissons, etc.

4.

Mais pour charmer Marie
C'est trop peu de nos fleurs ;
L'hommage de nos cœurs
Est le don qu'elle envie.

Réunissons, etc.

5.

Mère, fais de ma vie
Un radieux printemps
Dont la fleur, par les ans,
Ne soit jamais flétrie.

Réunissons, etc.

6.

Allume dans mon âme,
O Mère de Jésus,
Des chrétiennes vertus
La vive et sainte flamme.

Réunissons, etc.

7.

Ferme à tout ce qui passe
Et mon cœur et mes yeux,
Pour les fixer aux cieux,
D'où nous vient toute grâce.

Réunissons, etc.

Intercession de Marie.

REFRAIN.

Priez pour nous, sainte Marie !
Priez pour nous, Reine des cieux !
Que votre Fils, Mère chérie,
Par vous daigne agréer nos vœux.

1.

Demandez qu'elle soit heureuse,
La mère qui craint le Seigneur !
Qu'elle soit fervente et pieuse,
La jeune fille à l'humble cœur.
Obtenez constance et courage,
Au cœur brisé qui vous bénit ;
Mettez à l'abri de l'orage,
Le pur enfant qui vous sourit !

Priez pour nous, etc.

2.

Que votre prière puissante
Rende au malade la santé ;
Que Dieu par vous, Vierge clémente,
Donne au captif la liberté ;
Que votre lumineuse étoile,
Brillant à l'aube du matin,
Du nautonnier guide la voile,
Guide les pas du pèlerin.

 Priez pour nous, etc.

3.

Des indigents séchez les larmes,
Obtenez-leur un prompt secours ;
Dans leurs craintes, dans leurs alarmes,
Q'en vous ils espèrent toujours.
Donnez à notre chère France
La paix et la félicité ;
Qu'elle retrouve l'Espérance
Dans la Foi, dans la Charité.

 Priez pour nous, etc.

4.

Détournez la sainte colère
Du Dieu juste qui doit punir ;
Pour qu'il se montre moins sévère,
Obtenez-nous le repentir.
Faites, à toute âme rebelle,
De Jésus goûter les attraits,
Et que l'âme pure et fidèle
Reçoive de nouveaux bienfaits.

    Priez pour nous, etc.

5.

Dans la joie et dans l'allégresse,
Réglez l'élan de notre cœur,
Pour que nous dirigions sans cesse
Tous nos soupirs vers le Seigneur ;
Et quand viendra l'heure dernière,
Conduisez-nous près de Jésus :
A tous il vous donna pour Mère,
Pour faire de tous des élus.

    Priez pour nous, etc.

Prière à Marie pour les âmes du Purgatoire.

—o—

REFRAIN.

O vierge Marie !
De nos défunts souvenez-vous !
Délivrez-les, Mère chérie,
Du poids du céleste courroux.

1.

Nous les pleurons... Ils étaient là naguère...
A notre amour ils furent enlevés.
Étaient-ils purs en quittant cette terre ?...
Pitié ! pitié ! pour nos chers trépassés !
    O vierge Marie, etc.

2.

Ils ont subi l'arrêt irrévocable
Qui frappe, hélas ! jusqu'au moindre péché.
Du Dieu puissant, la sentence équitable,
Dans son beau ciel n'admet rien de souillé.
    O vierge Marie, etc.

3.

Larmes, regrets, prières, sacrifices,
Après la mort, rien ne sert aux pécheurs;
Nous seuls pouvons, du feu de tes justices,
Dieu trois fois saint, éteindre les ardeurs.
    O vierge Marie, etc.

4.

Nous seuls pouvons, de ces âmes si chères,
O doux penser! soulager les douleurs;
Et nous voulons, par nos humbles prières,
De leur exil abréger les rigueurs.
    O vierge Marie, etc.

5.

De la prison où languissent ces âmes,
Mère, entendez leurs longs gémissements.
Du feu vengeur, ah! tempérez les flammes;
Par l'espérance, apaisez leurs tourments.
    O vierge Marie, etc.

6.

Au tribunal du Juge redoutable
Plaidez sans cesse, intercédez pour eux;
Obtenez-leur un arrêt favorable,
Qui les appelle au rang des bienheureux.
    O vierge Marie, etc.

Invocation à Marie.

REFRAIN.

O puissante Marie,
Auprès du Dieu d'amour,
Pour le cœur qui te prie,
Implore chaque jour.

1.

A tes soins, tendre Mère,
Nous sommes confiés;
Jésus, sur le calvaire,
Tes fils nous a nommés.
   O puissante, etc.

2.

Veille sur nous sans cesse
Dans ces longs jours d'exil,
Soutiens notre faiblesse
A l'heure du péril.
   O puissante, etc.

3.

Ta prière puissante
Est l'espoir des pécheurs;

De l'âme pénitente
Elle adoucit les pleurs.
   O puissante, etc.

4.

Tu vois notre misère
Et notre iniquité ;
Du bon Dieu, notre père,
L'amour est méprisé.
   O puissante, etc.

5.

Nous craignons la colère
Du Dieu juste irrité ;
Mais le cœur pur espère,
Marie, en ta bonté,
   O puissante, etc.

6.

Sois-nous toujours propice,
Pour l'amour de Jésus.
Apaise sa justice,
Fais de nous des élus.
   O puissante, etc.

La Fleur de Mai.

—o—

1.

Sur la tige d'un lis, humide de rosée,
  La blanche fleur,
A l'aurore, étalait sa coupe parfumée
  Et sa fraîcheur.
Une pieuse enfant, en pensant à sa mère,
  La regardait ;
Et sur elle, en tremblant, sa main douce et légère
  Se reposait.

2.

« Aimable fleur des champs, veux-tu, lui disait-elle,
  « Venir à moi ?
« Pour l'offrir aujourd'hui, je cherche la plus belle,
  « Vraiment c'est toi ;
« C'est toi, dont le parfum, comme l'humble prière,
  « Monte au ciel bleu ;
« C'est toi que je voudrais consacrer à ma mère
  « Dans le saint lieu.

3.

« Ma mère, c'est Marie. » Et l'enfant palpitante,
            Muette, attendit ;
Et la fleur, inclinant sa corolle naissante,
            Lui répondit :
« Je viens de naître à peine, et toi, tu veux ma vie ;
      « Eh bien ! prends-la.
« Première fleur de mai, pour honorer Marie,
      « Oh ! me voilà.

4.

« N'attends pas que les feux du midi m'aient flétrie
      « Pour me cueillir,
« Enfant, ce n'est jamais, pour la Vierge chérie,
      « Trop tôt mourir. »
Et quand le jour tomba sur l'angle solitaire
            Du saint autel,
Une fleur expirante exhalait sa prière
            Vers le beau ciel.

A notre Mère.

Avant de quitter notre Mère,
Redisons un doux chant d'amour.
Marie, ô vous, d'un Dieu le sanctuaire,
Pourrions-nous trop vous bénir en ce jour?

Avant, etc.

De vos enfants, Mère chérie,
Vous êtes l'espoir, le bonheur.
Heureux celui qui vous aime et vous prie!
Heureux celui qui vous donne son cœur!

De vos enfants, etc.

Votre nom, les concerts des Anges
Le font retentir dans les cieux.
Qu'il nous est doux, célébrant vos louanges,
De répéter leurs cantiques joyeux!

Votre nom, etc.

Par vous, au milieu des tempêtes,
Nous goûtoms le calme et la paix.
Les maux affreux suspendus sur nos têtes,
Un mot de vous les détourne à jamais.
    Par vous, etc.

Vous nous protégez dans la vie,
Vous nous consolez à la mort.
Vous nous guidez vers la sainte patrie ;
C'est vous aussi que nous trouvons au port.
    Vous nous, etc.

Tous unis dans ce sanctuaire,
Nous voulons nous donner à vous.
A tout jamais vous aimer et vous plaire,
Oui, c'est bien là notre vœu le plus doux.
    Tous unis, etc.

Avant de quitter notre Mère,
Redisons un doux chant d'amour.
Marie, ô vous, d'un Dieu le sanctuaire,
Pourrions-nous trop vous bénir en ce jour ?
    Avant, etc.

Prière à saint Joseph.

RÉFRAIN.

Chaste époux de Marie,
Heureux gardien de Jésus,
Fais croître au cœur qui te prie
Les plus fécondes vertus.

1.

Saint époux d'une Vierge-Mère,
Qui nous adopta pour enfants,
Pour nous aussi daigne d'un père
Avoir les tendres sentiments.

    Chaste époux, etc.

2.

Qu'il est beau, qu'il est plein de grâce,
Ce lis qui brille dans tes mains !
Sa céleste blancheur efface
La couronne de tous les saints.

    Chaste époux, etc.

3.

O chef de la famille sainte,
A Nazareth, introduis-moi
Dans l'humble et mystérieuse enceinte
Où mon Dieu vécut près de toi.

Chaste époux, etc.

4.

Tu nous apprendras son silence,
Sa douceur, son humilité;
Son admirable obéissance,
Et son immense charité.

Chaste époux, etc.

5.

Jésus, dès sa première enfance,
Adoucit tes rudes travaux ;
Dans tous les miens que sa présence
Me soit de même un doux repos.

Chaste époux, etc.

6.

Jésus à tes soins s'abandonne;
Je me repose sur ton cœur.

Marie est déjà ma patronne,
Daigne être aussi mon protecteur.

    Chaste époux, etc.

7.

Daigne, tous les jours de ma vie,
Veiller sur moi, me secourir;
Et qu'entre Jésus et Marie,
Comme toi, je puisse mourir!

    Chaste époux, etc.

Patronage de saint Joseph.

REFRAIN.

Noble époux de Marie,
Digne objet de nos chants,
Notre cœur t'en supplie,
Veille sur tes enfants.

1.

Le Sauveur sur la terre
Reçut tes soins touchants;
Toi, qu'il nomme son père,
Veille sur tes enfants.

   Noble époux, etc.

2.

Témoin de sa naissance
Et de ses jeunes ans,
Gardien de son enfance,
Veille sur tes enfants.

   Noble époux, etc.

3.

Au jour de la colère,
Tu ravis aux tyrans
Le Sauveur et sa Mère;
Veille sur tes enfants.

Noble époux, etc.

4.

Toi, dont l'obéissance,
En ces dangers pressants,
Devint leur Providence,
Veille sur tes enfants.

Noble époux, etc.

5.

Toi, dont la main féconde
A nourri si longtemps
Le Créateur du monde,
Veille sur tes enfants.

Noble époux, etc.

La sainte Famille.

REFRAIN.

O sagesse !
Ma richesse
Est le toit de Nazareth,
Où j'écoute,
Où je goûte
Jésus, Marie et Joseph.

1.

Jésus, Joseph et Marie,
Dans ces noms que de douceur !
Sainte Famille bénie,
Je trouve en vous mon bonheur.
O sagesse, etc.

2.

Dans cet humble et saint asile,
Quelle ineffable faveur !
L'âme fidèle et docile
Voit son Dieu, son Rédempteur.
O sagesse, etc.

3.

Auguste et touchant mystère !
Le Verbe descend des cieux,
Une vierge devient mère,
Joseph doit veiller sur eux.
    O sagesse, etc.

4.

Entre Joseph et Marie,
Je vois Jésus, mon Sauveur.
A leurs soins il se confie ;
Il partage leur labeur.
    O sagesse, etc.

5.

Trente ans dans cet humble asile
Il vécut obéissant ;
Ainsi parle l'Evangile
Du Seigneur-Dieu tout-puissant.
    O sagesse, etc.

6.

Au bon Joseph, à Marie,
A l'exemple de Jésus,
Je veux confier ma vie
Pour acquérir leurs vertus.
    O sagesse, etc.

7.

Ils m'apprendront l'innocence,
La douceur, la charité,
Et la sainte obéissance
De Jésus, mon bien-aimé !

    O sagesse, etc.

8.

Je veux aimer sans partage
Jésus, Marie et Joseph,
Chaque jour leur rendre hommage
Au saint toit de Nazareth.

    O sagesse, etc.

9.

Par Joseph et par Marie,
J'obtiendrai du doux Jésus,
A la fin de cette vie,
Le ciel, séjour des élus !

    O sagesse, etc.

Les Gloires de Joseph.

1.

En ces jours de péril, en ce moment suprême,
    Pierre a parlé.
S'inspirant aux clartés de l'Évangile même,
    Il a confié
Sa famille à Joseph, à son doux patronage,
    Comme autrefois
L'Ange mit, par ses mains, à l'abri de l'orage,
    Le Roi des rois.

2.

Que suave est ton joug, sainte Église, ma mère !
    Vois tes enfants
Tout heureux d'accourir à la voix de leur père,
    Et, dans leurs chants,
S'empresser à l'envi d'exalter la mémoire,
    Le précieux don,
Le pouvoir, les vertus, les mérites, la gloire
    Du saint patron.

3.

Les temps sont arrivés : un auguste mystère
   Va s'opérer.
C'est le Verbe de Dieu qui descend sur la terre
   Pour nous sauver.
Le Verbe se fait chair, une vierge l'enfante,
   Insigne honneur !
Ainsi va s'accomplir la promesse éclatante
   D'un Rédempteur.

4.

Joseph est le témoin de ces grandes merveilles,
   Et chaque jour,
A Jésus, à Marie, il prodigue ses veilles
   Et son amour.
Dans ses décrets divins, la sainte Providence
   Lui fit l'honneur
De remettre à ses soins, à sa pieuse assistance,
   Le Dieu sauveur.

5.

Pour bien nous pénétrer des grandeurs ineffables
   De saint Joseph,
Interrogeons le toit et les murs vénérables
   De Nazareth.

Ils nous diront l'amour que Jésus et Marie
Avaient pour lui,
Et l'honneur qu'ils rendaient au gardien de leur vie,
Leur doux appui.

6.

A Jésus, Dieu puissant, à la Vierge, sa mère,
Il commandait ;
Pour suffire aux besoins de la sainte chaumière
Il travaillait.
Il protége, il soutient le Maître de la terre,
En l'adorant.
Du labeur de ses mains il nourrit, ô mystère !
Le Pain vivant.

7.

Aux chemins de l'exil il guide la lumière,
Obscur mortel ;
Et l'humble charpentier est appelé le père
De l'Éternel.
Chaste Joseph, Jésus répandit sur ta vie
Paix et bonheur ;
Daigne nous rendre heureux, montre au cœur qui
Le doux Sauveur.   [te prie

8.

Peins-nous les traits du Christ, sa chevelure blonde
   Et ces grands yeux,
D'où s'échappe un regard d'une douceur profonde,
   Comme les cieux.
Retrace-nous aussi le cortége ineffable
   De ses vertus ;
Retrace-nous le cœur, l'intérieur adorable
   De ton Jésus.

9.

Surtout grave en nos cœurs l'ineffaçable image
   Du Dieu d'amour,
Croissant sous ton regard en grâce ainsi qu'en âge,
   Afin qu'un jour,
En lui transfigurés, resplendissants de gloire,
   Et pour jamais,
Nous chantions avec toi l'éternelle victoire
   De ses attraits.

Salutations à saint Joseph.

Je vous salue, Joseph, image de Dieu le Père.	Ave, Joseph, imago Dei Patris.
Je vous salue, Joseph, père du Fils de Dieu.	Ave, Joseph, pater Dei Filii.
Je vous salue, Joseph, sanctuaire de l'Esprit-Saint.	Ave, Joseph, sacrarium Spiritus sancti.
Je vous salue, Joseph, bien-aimé de la sainte Trinité.	Ave, Joseph, dilecte sanctæ Trinitati.
Je vous salue, Joseph, coadjuteur très-fidèle du grand conseil de Dieu.	Ave, Joseph, magni consilii coadjutor fidelissime.
Je vous salue, Joseph, très-digne époux de la Vierge-Mère.	Ave, Joseph, Virginis Matris sponse dignissime.
Je vous salue, Joseph, père de tous les fidèles.	Ave, Joseph, pater omnium fidelium.
Je vous salue, Joseph, gardien des vierges saintes.	Ave, Joseph, custos sanctarum virginum.
Je vous salue, Joseph, très-exact observateur du silence.	Ave, Joseph, sacri silentii observantissime.

Je vous salue, Joseph, très-ami de la pauvreté.	Ave, Joseph, paupertatis amantissime.
Je vous salue, Joseph, exemple de douceur et de patience.	Ave, Joseph, exemplum mansuetudinis et patientiæ.
Je vous salue, Joseph, miroir d'humilité et d'obéissance.	Ave, Joseph, speculum humilitatis et obedientiæ.
Et bénis soient vos yeux, qui ont vu ce que vous avez vu.	Et benedicti oculi tui, qui viderunt quæ tu vidisti.
Vous êtes béni parmi tous les hommes.	Benedictus es tu inter omnes homines.
Et bénies soient vos oreilles, qui ont entendu ce que vous avez entendu.	Et benedictæ aures tuæ, quæ audierunt quæ tu audisti.
Et bénies soient vos mains, qui touchèrent le Verbe incarné.	Et benedicte manus tuæ, quæ contrectaverunt Verbum incarnatum.
Et bénis soient vos bras, qui portèrent Celui qui porte toutes choses.	Et benedicta brachia tua, quæ portaverunt omnia portantem.
Et bénie soit votre poitrine, où le Fils de Dieu se reposa très-doucement.	Et benedictum pectus tuum, in quo Filius Dei dulcissime requievit.
Et béni soit votre cœur, embrasé sur ses flammes ardentes.	Et benedictum cor tuum, ardentissime ejus amore succensum.
Et béni soit le Père éternel, qui vous a choisi.	Et benedictus Pater æternus, qui te elegit.

Et béni soit le Fils, qui vous a aimé.	Et benedictus Filius, qui te amavit.
Et béni soit le Saint-Esprit, qui vous a sanctifié.	Et benedictus Spiritus Sanctus, qui te sanctificavit.
Et bénie soit Marie, votre épouse, qui vous a chéri comme un époux et comme un frère.	Et benedicta Maria sponsa tua, quæ te ut sponsum et fratrem dilexit.
Et béni soit l'Ange, qui vous a gardé.	Et benedictus Angelus qui te custodivit.
Et bénis soient éternellement tous ceux qui vous bénissent et vous aiment.	Et benedicti in æternum omnes qui benedicunt tibi et diligunt te.

TABLE

DES CANTIQUES

—o—

	PAGES
Ouverture du mois de Marie	5
Immaculée Conception	8
Nativité de la très-sainte Vierge	11
Assomption de Marie	14
Le saint Nom de Marie	16
Saint Nom de Marie	18
Saint Cœur de Marie	20
Ave, Maria	22
Consécration à Marie	24
Hommage à Marie	26
Salve, Regina	29
Protestation de Fidélité au service de Marie	31
Gloire de Marie	33
Confiance en Marie	35
Marie, secours des Chrétiens	37
Elle est si bonne, Marie !	40

	PAGES
Serment d'amour à Marie	43
Consécration à Marie	45
Cantique à Marie	47
Memorare	50
Marie aux pieds de la Croix	52
Le beau Mois	57
Intercession de Marie	60
Prière à Marie pour les âmes du Purgatoire	63
Invocation à Marie	65
La Fleur de Mai	67
A notre Mère	69
Prière à saint Joseph	71
Patronage de saint Joseph	74
La sainte Famille	76
Les Gloires de Joseph	79
Salutations à saint Joseph	83

Rouen. — Impr. E. BENDERITTER, rue Ganterie, 16-18.

www.ingramcontent.com/pod-product-compliance
Lightning Source LLC
LaVergne TN
LVHW050609090426
835512LV00008B/1405